ROCAS Y MINERALES

Torrey Maloof

Asesoras

Sally Creel, Ed.D.
Asesora de currículo

Leann Iacuone, M.A.T., NBCT, ATC
Riverside Unified School District

Créditos de imágenes: pág.25 (superior) Mc Donald Wildlife Ph / age fotostock; pág.23 (superior) Manus Hüller/dieKleinert/Alamy; págs.22–23 NASA; págs.28–29 (ilustraciones) J.J. Rudisill; todas las demás imágenes cortesía de Shutterstock.

Teacher Created Materials

5301 Oceanus Drive
Huntington Beach, CA 92649-1030
http://www.tcmpub.com

ISBN 978-1-4258-4670-1

© 2017 Teacher Created Materials, Inc.
Printed in China
Nordica.082019.CA21901100

Contenido

Casi en todas partes

Mira hacia arriba, hacia abajo y a todos lados. En casi cualquier lugar que mires encontrarás rocas. La Tierra misma está hecha de rocas. Hay rocas hasta en el espacio. Las montañas y las playas están hechas de rocas. Las calles y los edificios también pueden estar hechos de rocas.

Los meteoritos son rocas que han caído al suelo desde el espacio.

Hay rocas jóvenes y rocas antiguas. Algunas rocas son enormes y otras son minúsculas. Algunas son duras y fuertes, mientras otras suaves y delicadas. Las rocas pueden ser muy ásperas o muy lisas. Tienen varias formas y colores. Pero todas tienen una historia interesante para contar.

Locos por las rocas

Algunos científicos estudian las rocas. Les encanta aprender acerca de ellas. Estos científicos se llaman *geólogos*.

Tipos de rocas

¿Alguna vez has horneado un pastel? Para hacerlo necesitas ingredientes. Usas algunos como harina, azúcar y sal. Luego, los mezclas todos. Los ingredientes que forman las rocas se denominan **minerales**. Casi todas las rocas están hechas de minerales. Los minerales son sustancias que se forman debajo de la tierra. La mayoría de las rocas están compuestas por uno o más minerales.

Los minerales se combinan para formar las rocas.

minerales

roca

Cristales sensacionales

Cada mineral tiene su propia forma. Estas formas especiales se llaman *cristales*.

Existen tres tipos principales de roca. Cada tipo se forma de manera diferente.

granito

Rocas ígneas

Un tipo de roca es la roca **ígnea**. La palabra *ígnea* significa "de fuego". Es la palabra perfecta para describir ese tipo de roca. Las rocas ígneas se forman en las profundidades de la Tierra. Allí abajo hace mucho calor. Tanto calor, de hecho, ¡que las rocas son líquidas! Esta roca líquida se llama **magma**.

Constitución mineral

El cuarzo y el feldespato son dos tipos de minerales. Se encuentran en el granito.

cuarzo

feldespato

Lentamente, el magma se enfría. Luego, se convierte en una sólida roca ígnea. El granito es un tipo común de roca ígnea. Algunas veces, el magma se enfría debajo de la tierra. Pero otras veces, llega hasta la superficie de la Tierra. Cuando esto sucede, ¡se produce una gran erupción volcánica!

En la superficie de la Tierra hay aberturas llamadas **volcanes**. A veces, el magma se calienta mucho bajo tierra. Y no se enfría. Más bien, asciende hasta la superficie de la Tierra. ¡Después se libera! Sale disparado del volcán con mucha fuerza. El magma ahora es **lava**. Luego se enfría con rapidez. Y se convierte en roca ígnea.

La piedra pómez es uno de los tipos de roca ígnea que se forma de esta manera. Es muy liviana en cuanto al peso. Tiene muchas burbujas de gas adentro. Por eso, esta piedra puede flotar en el agua.

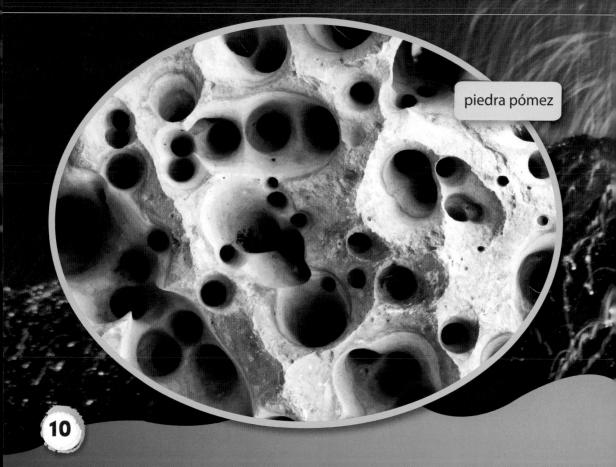

piedra pómez

La piedra pómez es la roca más liviana de la Tierra. Muchas personas la usan para exfoliarse la piel.

Rocas sedimentarias

Con el tiempo, las rocas se separan en trozos más pequeños. El agua puede desgastar las piedras cuando fluye sobre estas. El viento puede ir moliendo las rocas a su paso. Y el hielo puede hacer que las rocas se astillen o se rajen. Estas pequeñas piezas de roca se llaman **sedimento**.

El agua y el viento ayudan a mover los sedimentos. Desplazan los sedimentos a lagos y mares. Allí, se acumulan en capas. Las capas superiores ganan peso. Empujan a las capas inferiores hasta convertirlas en roca sólida. Así es cómo se forman las rocas **sedimentarias**.

Un arroyo desgasta las rocas lentamente.

La piedra arenisca se degasta por el viento.

En busca de fósiles

Los fósiles se pueden encontrar en algunas rocas sedimentarias. Están formados por los huesos o caparazones de seres vivos.

Los **restos** de plantas y animales también pueden formar rocas. Si un molusco muere, su caparazón cae al suelo oceánico. Con el tiempo, muchos caparazones se apilan. La presión se acumula. Así se forman las rocas sedimentarias. La piedra caliza se forma de esta manera.

La sal de roca es un tipo de roca sedimentaria. Se forma cuando el agua pasa por las rocas. Los minerales en la roca se convierten en parte del agua. Luego, el agua se **evapora**. Deja sal tras de sí. Esto sucede principalmente en las cuevas.

sal de roca

Rocas metamórficas

La Tierra tiene varias capas. El núcleo interno en el mismísimo centro de la Tierra es sólido. ¡Es increíblemente caliente! Después, hay una capa externa y líquida. Luego, hay una capa llamada *manto*. Está hecha de roca líquida. La última capa es la *corteza*. Es la capa en la que las rocas **metamórficas** se forman.

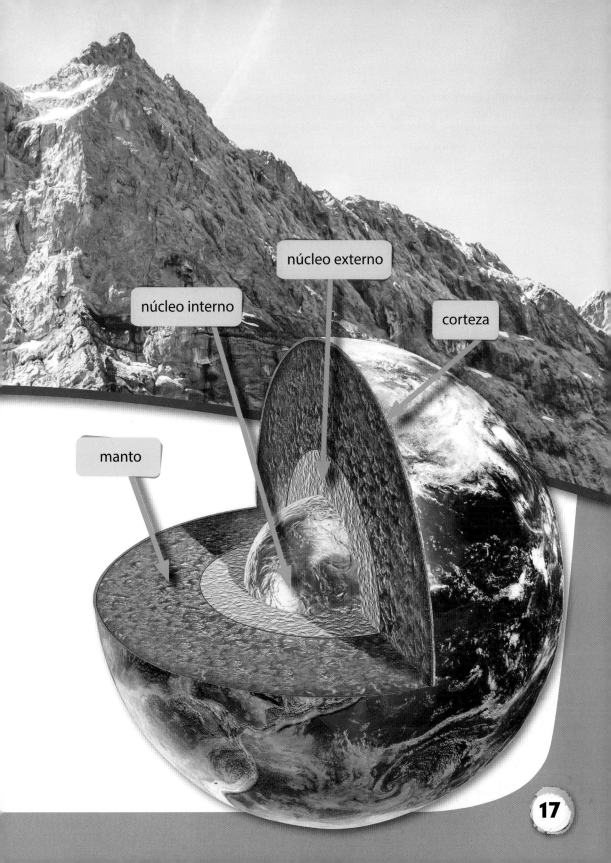

núcleo externo

núcleo interno

corteza

manto

Las rocas metamórficas se forman en las profundidades de la corteza de la Tierra. Allí, la presión se acumula. También hace mucho calor. El calor y la presión trabajan en conjunto. Doblan y retuercen las rocas. Los minerales en las rocas cambian. Eso convierte a la roca en roca metamórfica.

Por ejemplo, el *shale* es una roca sedimentaria. Pero cuando se somete a presión, cambia. Se convierte en pizarra. ¡Si se le agrega más presión, cambiará otra vez! Se convertirá en esquisto.

La piedra caliza también es una roca sedimentaria. Cuando se agrega calor y presión a la piedra caliza, se convierte en mármol.

calor y presión

presión

shale

esquisto

pizarra

calor y presión

piedra caliza

mármol

Hombre de mármol

Hay una famosa estatua del presidente Abraham Lincoln en Washington, D. C. Está tallada en mármol.

El ciclo de la roca

Algunas cosas suceden una y otra vez en el mismo orden. Esto se conoce como *ciclo*. Una roca puede transformarse a lo largo de millones de años. Puede pasar de ser un tipo de roca a otra. Se conoce como el *ciclo de la roca*.

El ciclo puede comenzar con la roca ígnea. Es decir, el tipo de roca que se forma cuando el magma caliente se enfría. Luego, el viento y el agua separan la roca. Los trozos pequeños de roca son desplazados por el viento y el agua. Este sedimento viaja hasta los océanos y lagos.

El agua separa estas rocas lentamente.

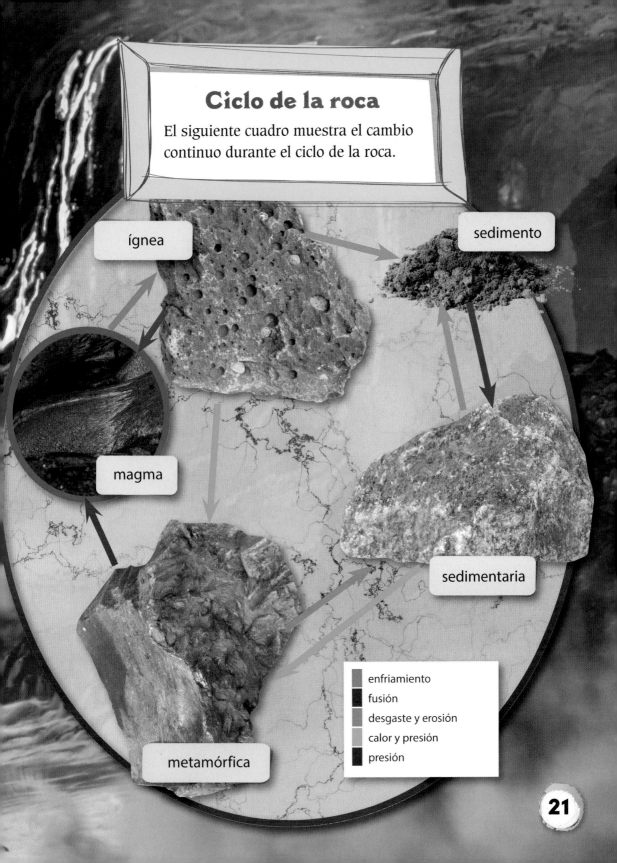

Ciclo de la roca

El siguiente cuadro muestra el cambio continuo durante el ciclo de la roca.

ígnea

sedimento

magma

sedimentaria

metamórfica

■	enfriamiento
■	fusión
■	desgaste y erosión
■	calor y presión
■	presión

Cuando el sedimento llega a los océanos y lagos, se asienta en el lecho. Capas de roca se apilan con el paso del tiempo. La presión se acumula. A lo largo de muchos años, se forma un nuevo tipo de roca. Ahora es roca sedimentaria.

Cuando un río fluye hacia el océano, lleva sedimentos consigo.

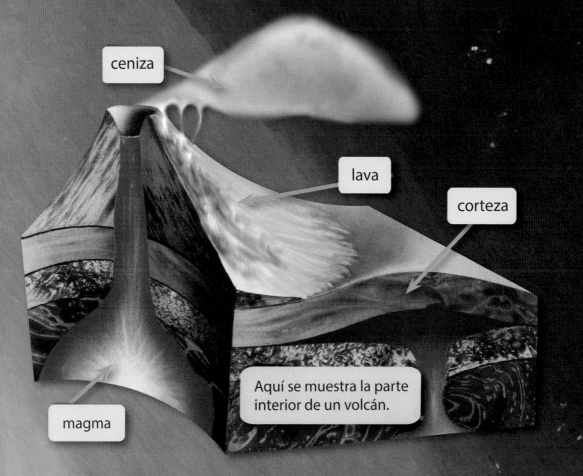

ceniza

lava

corteza

magma

Aquí se muestra la parte interior de un volcán.

Con el tiempo, más presión y calor se acumulan. La roca comienza a cambiar una vez más. Se convierte en roca metamórfica. Después, la corteza de la Tierra empuja la roca hacia las profundidades del manto. Allí, la roca se derrite y se convierte en magma. El magma es empujado hacia la corteza de la Tierra. Cuando se enfría, forma la roca ígnea. ¡El ciclo vuelve a empezar!

Recursos rocosos

Las rocas han sido de ayuda para las personas durante miles de años. Hace mucho tiempo, las personas usaban las rocas como armas y como herramientas. Las rocas ayudaron a los primeros seres humanos a cazar. Usaban rocas para cavar el suelo, para crear arte y construir estructuras grandes.

Stonehenge es un círculo grande de rocas gigantes que un pueblo hizo hace muchos años.

Hace mucho tiempo, las personas fabricaban con rocas herramientas como puntas de flecha.

Las rocas son **recursos naturales**. Quiere decir que se producen en la naturaleza. Las personas usan estos recursos para crear otras cosas. Muchos de los metales que usan las personas provienen de los minerales de las rocas. El hierro y el carbón provienen de la roca. El hierro se usa para fabricar acero. El carbón se usa para producir combustible. Sería difícil pasar un día sin rocas ni minerales.

Animales y rocas

¡Las rocas también ayudan a los animales! Los monos y las nutrias de mar usan las rocas como herramientas. Usan las rocas para abrir nueces y caparazones para comer.

Las rocas y los minerales son importantes. Pero también son hermosos. Algunas de las maravillas más famosas del mundo están hechas de roca. El Taj Mahal está hecho de mármol. El Monte Rushmore está hecho de granito. Las pirámides de Egipto están hechas de piedra caliza.

Una sorpresa destellante

Las geodas se ven opacas por fuera. Pero por dentro son hermosas. Las geodas son rocas huecas forradas con hermosos cristales.

geoda por fuera

geoda por dentro

¡Hay rocas incluso afuera de este planeta! La Luna está formada de roca ígnea. Los asteroides y meteoritos son rocas que vuelan por el espacio. Las rocas y los minerales están por todas partes. Nos ayudan a vivir. Y nos ayudan a entender el mundo.

Taj Mahal

El oro es un metal que a veces se encuentra en las rocas. Las personas lo buscan porque vale mucho dinero.

¡Hagamos ciencia!

La mayoría de las rocas están hechas a partir de minerales. A veces, los minerales forman cristales. ¡Obsérvalo por ti mismo!

Qué conseguir

- ○ 2 cucharas para medir
- ○ 2 vasos de plástico con agua caliente hasta la mitad
- ○ lupa
- ○ marcador
- ○ sal de mesa y sulfato de magnesio

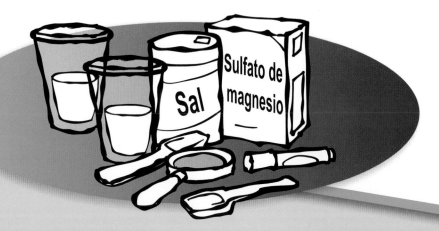

Qué hacer

1 Usa el marcador para rotular un vaso *sal de mesa* y el otro vaso *sulfato de magnesio*.

2 Usa una cuchara medidora para agregar 5 cucharaditas de sal al vaso rotulado *sal de mesa*. Usa la otra cuchara medidora para agregar 5 cucharaditas de sulfato de magnesio al otro vaso.

3 Coloca ambos vasos en un lugar seguro. Deja que el agua se evapore. Tomará alrededor de una semana.

4 Cuando el agua se haya evaporado por completo, observa el fondo del vaso. Usa la lupa para estudiar lo que ves.

evapora: cambia de líquido a gas

ígnea: tipo de roca que se forma cuando la roca caliente líquida se enfría

lava: roca líquida caliente sobre la superficie de la Tierra

magma: roca líquida caliente debajo de la superficie de la Tierra

metamórficas: tipo de rocas que han cambiado su forma bajo gran calor y presión

minerales: sustancias que se forman debajo de la tierra

recursos naturales: cosas que se encuentran en la naturaleza y pueden usarse para hacer otras cosas

restos: las partes o el cuerpo de una persona, un animal o una planta muerta

sedimentarias: tipo de rocas formadas con pequeñas piezas de roca, como arena, grava y polvo

sedimento: pedazos muy pequeños de roca, tal como arena, grava y polvo

volcanes: montañas con huecos en las cimas o laderas que a veces hacen erupción repentinamente y expulsan rocas, ceniza o lava

Índice

¡Tu turno!

Una caminata pedregosa

Camina por tu cuadra con un adulto. Presta atención a aquellas cosas que estén hechas de roca o minerales. Escribe una lista con las cosas que encuentres. ¿Hay elementos en tu casa o escuela hechos de rocas o minerales? ¡Agrégalos a tu lista!